Franc Masón

AF272084

Casanovas
Erfolgs-Methode

Die klassische Kunst des Erfolges

oder:

wie Sie schnell und effektiv Frauen verführen

2003

por lechuzalita

Franc Masón
Vinarós / Kleinostheim 2003
Books on Demand GmbH, Norderstedt
ISBN 3-8311-4806-6
Printed in Germany

Inhalt

Vorwort

Giacomo Casanova, Sinnbild eines Frauenverfüh-
rers. So ist er in die Geschichte eingegangen. Allerdings steckt hinter diesem Menschen mehr als
nur ein Verführer hübscher Frauen.... Er brachte
es auf vielen Gebieten zur Meisterschaft. Der
neben Marco Polo berühmteste Sohn Venedigs
war erfolgreicher Lotteriedirektor und Unterneh-
mer, Abenteurer und königlicher Spion, Priester,
Mönch, Okkultist, Börsenspekulant und Finanz-
makler, Offizier, Freimaurer, Alchemist und Poli-
tiker, Schriftsteller, Dichter, Komponist und
Schauspieler, kurzum: ein Tausendsassa. Und ein
sehr erfolgreicher.
Er war praktisch sein ganzes Leben auf Ge-
schäftsreise. Freilich, so wie er seine Geschäfte
betrieb, würde unsereins gerne mal Urlaub machen.... Er war Trendsetter für eine ganze Epoche:
Die Renaissance.

In der Kunst, den Genuss der Sinne zu pflegen,
brachte es Casanova zur absoluten Meisterschaft.
Casanova war ein Vollblut-Renaissance-Mensch.
Ein James Bond der Renaissance. Genußbetont,
um nicht zu sagen: Genußsüchtig. Vor allem, was
leibliche Genüsse anging. Diese verstand er re-
gelrecht zu zelebrieren. Ein Spiel, auf daß sich
Frauen gerne einlassen.

Vorwort

Er hatte viele und mächtige Freunde und noch viel mehr Feinde und Neider. Er verschliß auf seinen Reisen beinahe 20 Kutschen und legte für damalige Verhältnisse unglaubliche 70.000 Kilometer damit zurück. Die Frauen liebten ihn.

Ich möchte mit diesem Buch Casanova ein kleines Denkmal setzen. Seine Heimatstadt Venedig tat es bis heute nicht. Seine Bekenntnisse führten zu seinem schlechten Ruf. Wahrscheinlich war er zu ehrlich mit sich, seiner Epoche und seinen Zeitgenossen.

Im ersten Teil des Buches werde ich Ihnen sein Leben kurz zusammenfassen. Dabei versuche ich, einen kurzen, sachlichen Überblick zu bieten. Seine amourösen Abenteuer streife ich, empfehle Ihnen aber bei tiefergehendem Interesse unbedingt die Lektüre seiner Memoiren „Geschichte meines Lebens", um in den vollen Genuß zu gelangen.

Sie müssen den Menschen Giacomo Casanova de Seingalt kennenlernen, bevor Sie versuchen, ihn und seine Methoden zu verstehen. Casanova war ein Meister der Verführungskunst. Nicht der sexuelle Aspekt der Verführung, für den Casanova heute quasi ein Synonym darstellt, sondern die

Kunst der Verführung auf alle Bereiche des Lebens angewandt und seine Zielstrebigkeit machten ihn so erfolgreich.

Sie werden feststellen, daß sich nur ein kleiner Teil der Memoiren mit seinen amourösen Abenteuern beschäftigt. Dennoch reichte dieser geringe Teil aus, Casanovas Ruf als Eroberer aller Frauenherzen über Jahrhunderte zu festigen.

Ich werde Ihnen daher zunächst den Lebensweg und den „Way of Life" Casanovas darstellen.

Casanova lebte zur Zeit der Renaissance. Wichtigste Beschäftigung für die gebildeten Bevölkerungsschichten dieser Zeit war die Befriedigung ihrer Sinne. Genuß-Sucht. Auch Casanova war das wichtig. So gibt er selbst zu:

Meine sinnlichen Genüsse zu kultivieren, bildete die Hauptbeschäftigung meines ganzen Lebens. Niemals hat es für mich etwas wichtigeres gegeben.

Auch hier ein Erfolgsfaktor. Casanova setzt das große Thema seiner Epoche für sich selbst um. Lebt das aus, wovon andere nur träumen.

Vorwort

Casanova verkehrte bereits als junger Abbate in den gesellschaftlichen Kreisen Venedigs. In Senator Malipieros Palast am Canale Grande war Casanova ein gern gesehener Gast. Dieser weiht ihn schon früh in die Lehren Epikurs ein.

Casanovas Erfolg bei Frauen ergibt sich aus seiner generellen, alles umfassenden Erfolgsmethode. Ich werde darauf etwas später, dafür aber eingehend und für Sie nachvollziehbar eingehen.

Sein legendärer Erfolg bei Frauen kam nicht von ungefähr. Er hatte Methode und war Ergebnis einer ausgeklügelten Strategie.

Casanova war nicht nur bei Frauen erfolgreich, sondern eben *generell* erfolgreich. Sein Erfolg erstreckte auf sein Lebenswerk. Er lebte seinen Erfolg als Lebensphilosophie.

Diese Erfolgsphilosophie ist erlernbar. Man muß nur die Methoden kennen.

Egal, ob Sie diese dann verwenden, um sich beruflich erfolgreicher durchzusetzen, oder einfach nur, um sich durch ein amouröses Abenteuer etwas vom Alltag Ihrer Ehe erholen möchten.

Ich beabsichtige mit diesem Buch, Ihnen sowohl das vom Erfolg geprägte Leben, wie auch die Erfolgsmethode Casanovas näher zu bringen:

Folgen Sie mir also Bitte auf eine Reise zum Erfolg. Sie werden sehen, wenn Sie erfolgreich sind, werden die Frauen auch Sie lieben....

Teil 1

Casanovas
Leben

Casanovas Leben

Giacomo Casanova war Sohn eines venezianischen Schauspieler-Ehepaars und wurde am 02. April 1725 geboren. Vendig war damals für Leute die es sich leisten konnten ein einziger Vergnügungspark: Der weltberühmte Karneval dauerte beinahe 6 Monate. Die Renaissance blühte auf. Kunst und Theater hatten Hochkonjunktur.

In diesem Umfeld verbrachte er seine Kindheit. Er hatte also Bühnenluft im Blut. Selbstsicherheit war einer seiner Erfolgsfaktoren.

Sein Vater starb, als Casanova gerade 8 Jahre alt war. Seine Mutter wurde Geliebte eines Theaterintendanten und hatte Engagements in Rußland und Polen bis sie sich in Dresden niederließ. Dort verstarb sie 1776. Casanova bekam nach dem Tod seines Vaters einen Vormund: Abbate Grimani, der einer venezianischen Adelsfamilie entstammte. Er sorgte wohl auch dafür, daß der kleine Giacomo Lesen und Schreiben lernte, während seine Großmutter ihn aufzog. Sie legte in ihm die Wurzeln seines Interesses am Okkultismus. Mit neun Jahren besuchte er ein Internat um sein Studium an der Universität von Padua mit einem Doktorgrad abzuschließen. Ein weiterer Erfolgsfaktor: Bildung.

Nachdem er im Internat auch seine erste Erfahrung mit Frauen in Person der Schwester seines Lehrers machte, verlor er ebenfalls im Alter von sechzehn Jahren seine Unschuld. Allerdings toppt Casanova auch hier das Übliche: Zwei überaus hübsche, vornehme Schwestern sind es, die ihn in die Kunst der Liebe einführen.

Mittellos wie er war, schlug er zunächst eine kirchliche Laufbahn ein. Viel Glück war ihm als Geistlicher nicht beschert: bereits seine erste Predigt war seine letzte. Er hatte zuvor ein so ausgiebig gespeist, daß ihm sein Text nicht mehr einfiel. Er täuschte auf der Kanzel eine Ohnmacht vor und entfloh aus der Sakristei, wohin ihn die besorgten Kirchgänger eilig gebracht hatten.

Mit 17 Jahren tritt er in die Dienste des Gouvaneurs der venezianischen Galeeren wo er in der Verwaltung tätig war. Wohl infolge von Verfehlungen bei dieser Tätigkeit verbüßte er allerdings eine mehrmonatige Haftstrafe im Gefängnis des Fort Sant Andrea. Seine Entlassung bewirkte seine Mutter von Dresden aus, die dort all ihren Einfluß geltend machte und einen Bischof für die Entlassung ihres Sohnes gewinnen konnte.

Casanovas Leben

Bereits in diesen jungen Jahren zog er sich eine erste Geschlechtskrankheit, einen Tripper, zu und wurde beim Glücksspiel Opfer von Betrügern, die ihn um alles Hab und Gut brachten.

So verarmt geriet er unter die Fittiche eines kriminellen Mönches, mit dem er, sich Almosen ergaunernd, zu Fuß nach Rom reiste.

Seine Memoiren verraten uns, wie er, völlig Pleite, in Rom zu Geld kam: Er wandte seine Chemie-Kenntnisse an, um durch die Zugabe von Blei und Wismut den Quecksilbervorrat eines reichen Kaufmannes zu strecken. Diese sicher nicht legale Pantscherei füllte einerseits seine Reisekasse auf, zeigt uns aber andererseits, wie es ihm gelingt, sich aus finanzieller Not zu helfen.

Bischof Bernardis, der ihn seiner Mutter zuliebe bereits aus der Haft errettete, überläßt Casanova neben etwas Geld auch zwei Empfehlungsschreiben. Mit solchen Schreiben ausgestattet, gelingt es Casanova immer wieder, schnell und sicher die gesellschaftlich wichtigen Kreise der von ihm bereisten Städte zu erobern. Sie stellen also einen weiteren Erfolgsfaktor für ihn dar.

So gelang es ihm auch mittels eines Empfeh-
lungsschreibens eines römischen Kardinals als
Offizier in die Dienste des Bonneval Paschas in
Konstantinopel zu gelangen. Ganz freiwillig hat
er Rom allerdings nicht verlassen. Da er dem
Neffen des Papstes eine Geliebte ausgespannt
hatte, war sein Leben in Rom ernsthaft in Gefahr.
Aber auch im türkischen Reich hielt es den Wel-
tenbummler nicht lange.

Vielleicht lag es daran, daß es ihm nicht gelang,
eine Türkin zu verführen. Wie er in den Memoiren berichtet, mißlang sein Versuch einer Verführung, weil er der türkischen Dame den Schleier
vom Gesicht nehmen wollte. Bonneval Pascha
war über den Bericht Casanovas sehr erheitert…
Casanova hingegen ärgerte sich, da er wegen seines Unwissens um die türkischen Gepflogenhei-
ten den Sieg über die Dame verloren hatte.

Nach seiner Rückkehr nach Venedig mußte er
sich einige Zeit als Geiger durchschlagen. Auch
hier verhalf ihm ein Zufall, den er sofort beim
Schopf packte, wieder Zugang zu gesellschaftlichen Kreisen: Er rettete einen Theatergast, der
nach der Vorstellung einen Schwächeanfall erlitt
und begleitete diesen nach Hause, wo er dessen
Ärzte zurückwies und Anweisungen für die Be-

Casanovas Leben

handlung des Patienten erteilte. Wie sich heraus-
stellte, handelte es sich um den ehemaligen Inqui-
sitor Venedigs, Senator Bragadino. Als Casanova
herausfand, daß sich dieser mit Okkultismus beschäftigte, bot er dem Senator an, ein angebliches
kabbalistisches Orakel für ihn zu befragen. Durch
geschicktes Antworten beeindruckte den Senator
derart, das dieser ihn adoptierte. Damit war Casanova finanziell versorgt.

Skrupel hatte er keine: *Ich war jung, wollte gut
leben und alle Vergnügungen genießen, die ein
junger Mann begehrt*, schreibt er in seinen Memoiren.

Mit der gleichen Skrupellosigkeit schröpft er einen Mann, der eine heilige Reliquie, nämlich das
Messer des hl. Petrus, mit dem dieser dem Mal-
chus das Ohr abtrennte, sein Eigen nannte. Ohne
mit der Wimper zu zucken behauptete Casanova
die zu dem Messer gehörende Scheide zu besit-
zen. Tatsächlich hatte er diese aus einem alten
Lederschuh gebastelt. Für sagenhafte tausend
Zechinen bot er die Scheide dem Besitzer des
Messers zum Kauf an und behauptete, durch diese Komplettierung würde das Messer in der Lage
sein, unglaubliche Schätze aufzuspüren.

Später gelang es ihm in Paris auch, die Marquise d'Ufré in den Bann seiner angeblichen okkulten Fähigkeiten zu schlagen. Auch die Marquise unterstütze Casanova in nicht unerheblichem finanziellem Maße.

In den Jahren 1754 und 1755 hielt sich Casanova wieder in Venedig auf. In dieser Zeit richtete sich das Auge der Inquisition auf ihn. Man lies ihn beschatten. Wegen einem ihm zu Ungunsten ausgelegten, freigeistigen Gedicht und dem Vorwurf des Spielbetrugs wurde er in der Nacht zum 26. Juli 1755 verhaftet und in den Bleikammern, das bis dahin als absolut ausbruchsicher geltende Gefängnis der Inquisition gebracht. Man verurteilte ihn ohne Verhandlung zu fünf Jahren Haft, noch dazu ohne ihn über Grund und Maß seiner Strafe informieren. Tatsächlich erfolgte die Verhaftung, weil Casanova die Geliebte des Inquisitors Antonio Coudulmer verführte.

Casanova liebte nicht nur die Frauen, sondern noch viel mehr seine Freiheit. Obwohl er mehreren Damen Heiratsanträge unterbreitete, bewahrte ihn das Schicksal immer vor dem Schritt in die Ehe. Um so schlimmer traf ihn die Haft.

Casanovas Leben

Nach einigen Monaten gelangte er zur Überzeugung, nur eine Flucht bringe ihn wieder in die Freiheit zurück. Seine Willenskraft, Mut und Ausdauer verknüpft mit seinem Erfindergeist und dem glücklichen Umstand, ein Stück Eisenstange zu finden, die er als Meißel benutzen konnte, brachten ihm nach einer geschickter Bestechung seines Wärters die ersehnte Freiheit durch abenteuerliche Flucht zurück. Hieran konnte auch der Tausch der Zellen nichts ändern, was Casanova zwar in seinen Fluchtvorbereitungen weit zurückwarf, ihn aber letztlich nicht daran hinderte.

Am 1. November 1756, nach beinahe anderthalb Jahren Haft gelingt Casanova die Flucht.

Seine Abgebrühtheit stellt uns Casanova unter Beweis, als er sich bewußt im Hause eines Polizisten versteckt, der mit seiner Verfolgung betraut war.

Nach gelungener Flucht entzieht er sich den venezianischen Behörden nach Paris, wo er einen alten Bekannten, den ehemaligen Geliebten der Nonne C.C. aufsuchte. Dieser war zwischenzeitlich Außenminister des französischen Königs, was Casanova den Wiedereinstieg ins Pariser Gesellschaftsleben einfach machte.

Empfehlungsschreiben ermöglichten ihm Bekanntschaften mit Frankreichs Hochfinanz. Es gelang ihm, obwohl er in Punkto Finanz- und Bankgeschäften eigentlich keinerlei Erfahrung hatte, den Eindruck zu erwecken, er habe ein Lotteriekonzept entwickelt, welches der französischen Krone einige Hundert Millionen an Einnahmen versprach. Da bereits entsprechende Pläne für eine Lotterie in Paris erarbeitet wurden, hatte Casanova leichtes Spiel: Die Lotterie wurde eingeführt und er an den Einnahmen beteiligt. Er erhielt insgesamt sechs Lotterie-Annahmestellen, wovon er allerdings sofort fünf verkaufte, um seine stets vorherrschende knappe Kasse zu füllen. Nur eine der Annahmestellen behielt er für sich. Diese versorgte ihn für die kommenden zwei Jahre mit reichlichen finanziellen Mitteln.

In diesen zwei Jahren nahm er Spionageaufträge für den Außenminister an. So spionierte er in Holland für ein fürstliches Salär die Bereitschaft der französischen Flotte für eine Landung in England aus.

Casanovas Leben

Auch seine Beziehungen zu Madame d'Urfé intensivierte er in dieser Zeit. Ihre finanziellen Zuwendungen ermöglichten Casanova einen Lebensstil in Saus und Braus und führten 1767 zur Beschuldigung, er habe sie um den unglaublichen Betrag von einer Million Francs gebracht. Im Prinzip erging es Madame d'Urfé wie es dem Mann mit dem heiligen Messer des heiligen Petrus ging. Sie glaubte aus tiefster Überzeugung ihren alchemistischen Lehren, während Casanova, der ebenfalls ein ausgeprägtes alchemistisches Wissen hatte, nicht daran glaubte, sondern damit nur seine Mitmenschen beeindrucken wollte. Das gelang ihm gerade in den Kreisen um Madame d'Urfé in bestaunenswerter Perfektion. Er gaukelte ihnen allerlei magisches Wissen vor und nährte ihren Aberglauben, in dem er diesen auch noch förderte. Auch hier hatte er keinerlei Skrupel.

Er begann sich in seinen Pariser Erfolgsjahren auch mit komplizierten Wertpapiergeschäften an ausländischen Börsen zu beschäftigen und führte für die französische Krone und Madame d'Urfé einträgliche Strohmanngeschäfte in Millionenhöhe aus.

Sein Lebenswandel in diesen Jahren gleicht dem eines Krösus.

Höhepunkt dieser Zeit war die Gründung eines Unternehmens zur Fertigung billiger Kopien bemalter chinesischer Seide. Casanova gründete diese Firma allerdings nicht nur, um mit seinen deutlich billigeren Seidenstoffen die erwarteten hohen Gewinne zu machen.

Vielmehr stellte er sich sofort zwanzig sehr hübsche, junge Mädchen zur Bemalung der Seide ein und gründete damit gleichzeitig einen Harem. Alle zwanzig wurden nämlich seinen Memoiren zufolge seine Geliebten.

Bei derartigem Überfluß verlor er freilich relativ schnell sein Interesse an den einzelnen Damen. Da er die Mädchen allesamt mit teuren Geschenken, wozu durchaus auch komplett ausgestattete Wohnungen gehörten, überhäufte, war sein Ausflug in das freie Unternehmertum eine exorbitant teure Angelegenheit.

Die Geschäfte mit der bemalten Seide ließen zu Wünschen übrig. Ein Konkurs zeichnete sich ab und Casanova wurde der Sache überdrüssig. Also beschloß er den Verkauf. Kaum hatte er die Akti-

Casanovas Leben

en los, unterschlug einer seiner Buchhalter das Firmenvermögen.

Es kam wie es in solchen Situationen kommen muß: Der neue Firmeninhaber, von dem später bekannt wurde, daß es sich um einen frühen Vertreter der Wirtschaftskriminalität handelte, verklagt den Vorgänger auf Schadenersatz. Casanova weigerte sich zu zahlen, was, wie in solchen Situationen üblich, weitere Gläubiger auf den Plan rief, die ihre Forderungen retten wollten. Ein Wirtschaftskrimi nahm seinen Lauf und endete mit der Verhaftung Casanovas. Erst die Zahlung der gegen ihn gerichtlich geltend gemachten Forderungen brachte in nach zwei Tagen Haft wieder auf freien Fuß.

Damit aber nicht genug: Kaum in Freiheit, verklagte Casanova seine Gläubiger und präsentierte dem Gericht Wechsel, die er einforderte. Da diese gegenüber dem Gericht behaupteten, die Wechsel seinen Fälschungen, nahm die Sache einen für Casanova ungünstigen Verlauf.

Er verließ Paris gerade noch rechtzeitig. Denn kaum hatte er die Stadt verlassen wurde ein erneuter Haftbefehl gegen ihn erlassen. Das Gericht wollte ihn bis zu Aufklärung der Sachverhalte in Untersuchungshaft nehmen. Zu dieser Zeit wurde Wechselbetrug mit Todesstrafe geahndet.

Es ist verständlich, das sich Casanova nicht auf das Risiko eines Prozesses einlassen wollte: Vor Gericht und auf hoher See ist man in Gottes Hand. Niemand weiß im Voraus, wie ein Prozeß endet. Und das war auch dem klugen Strategen Casanova sehr bewußt.

Wie üblich ließ er sich ein Empfehlungsschreiben ausstellen. Da sein Freund, der französische Außenminister die Empfehlung nach Holland höchstpersönlich übernahm, kann man davon ausgehen, daß dies ein Indiz für die Unschuld Casanovas war.

Casanova hatte 1760 nochmals Probleme mit einem gefälschten Wechsel, den ihm ein gewisser Iwanoff, ein Hochstapler, der behauptete, russischen Adels zu sein. Casanova weigerte sich, den Wechsel anzunehmen und empfahl Ivanoff, den Wechsel bei seinem Wirt einzulösen. Der Wirt ging nach dieser Empfehlung davon aus, Casanova stünde zu Iwanoff und löste den Wechsel ein. Nachdem dieser allerdings platzte, wurde Casanova aufgefordert, für den Schaden einzustehen.

Casanovas Leben

Er weigerte sich dem florentiner Polizeichef gegenüber mit der Begründung, dies käme einem Eingeständnis seiner Beteiligung an dem Wechselbetrug gleich. Der Polizeichef wies Casanova daraufhin aus Florenz aus.

In Holland fand Casanova schnell wieder Zugang zu den allerersten Kreisen. Er verfolgte dort einen Geheimauftrag des französischen Außenminister, der ihn mit entsprechenden Sondervollmachten ausstattete. Casanova sollte Staatsanleihen für Frankreich aufnehmen. Seine Vollmachten allerdings weckten bei den offiziellen Vertretern Frankreichs Mißgunst und Mißtrauen.

Auch hier stellen sich Casanova Probleme, die jeder auch heutzutage zu bewältigen hat, der in einer größeren Firma oder einem Konzern mit „Sonderprojekten" betraut wird: Die verantwortlichen Fach- und Führungskräfte stehen dem „Sonderbeauftragten" oft skeptisch oder sogar kontraproduktiv gegenüber. Logisch, da dieser ihre Kompetenzen einschränkt bzw. hinterfragt, ohne die ihrerseits vermeintliche Qualifikation mitzubringen. Er „wildert" in ihrem Revier.

Ohne die Staatsanleihen aufgenommen zu haben, reist Casanova von Holland aus zunächst nach

Deutschland. In Köln verführt er die Ehefrau des Bürgermeisters. In dieser Zeit, also um 1759 herum, legt sich Casanova den Namen „Chevalier de Seingalt" zu.

Warum er das tat, lassen seine Memoiren offen. Er verteidigt allerdings sein Anrecht auf diese Namensänderung gegenüber dem Augsburger Bürgermeister mit dem Argument, er habe den Namen erfunden, also habe er auch das Recht, ihn zu tragen. Auf die Frage des Bürgermeisters, wie man denn einen Namen erfinden könne, entgegnete Casanova, er habe acht Buchstaben des der gesamten Menschheit zur Verfügung stehenden Alphabets genommen und derart zusammengesetzt, daß diese das Wort „Seingalt" ergeben. Auch das Argument des Bürgermeisters, man müsse doch den väterlichen Namen weiterführen, ließ Casanova nicht gelten: Schließlich habe irgendwann einmal ein Vorfahre der Väter auch den väterlichen Namen erfunden. Der Disput zeigt, mit welcher Inbrunst Casanova seine Überzeugungen lebt. Zweifel läßt er nicht zu und seine Argumente sind wohlüberlegt und stichhaltig. Er muß sich also schon lange vor dem Disput mit dem Augsburger Bürgermeister eine Begründung und Rechtfertigung für seinen neuen Namen zu rechtgelegt haben, was wieder für sein methodisches Vorgehen spricht.

Kurfürst Clemens August von Bonn wurde auf Casanova aufmerksam. Vendig galt als „letzter Schrei" in Sachen Kultur und Mode und der Kurfürst ließ es sich natürlich nicht entgehen, sich vom Venezianer Casanova aus erster Hand inspirieren zu lassen. Schon bei seinem ersten gemeinsamen Diner mit dem Kurfürst schenkt dieser Casanova eine goldene Schnupftabaksdose mit einem fürstlichen Portrait.

Auch in Köln geriet Casanova in Haft: Baron Wiedau behauptete, Casanova schulde ihm Geld. Obwohl Casanova dies leugnete, übergab er, um der Haft zu entgehen, die goldene Schnupftabaksdose, seine goldene Uhr (die damals ein Vermögen wert war) Bargeld, Schmuck und einen hohen Wechsel an den Richter. Alles wurde Wiedau ausgehändigt, der damit verschwand. Casanovas Unschuld wurde in einem späteren Prozeß geklärt.

Baron Wiedau allerdings streute in der Folgezeit negative Gerüchte über Casanova aus, die seinem Ruf sehr schadeten.

Auch mit dem Problem negativer Publicity sieht sich heute noch jeder konfrontiert, der Erfolg hat und in der Gunst der Mächtigen steht. Casanova geht sachlich mit der Thematik um: Die Anschuldigungen werden in ordentlichen Prozessen aufgearbeitet und entkräftet.

Seine Reise führte Casanova daraufhin nach Stuttgart, wo er beim Kartenspielen mit Offizieren eine hohe Summe Geld verlor. Er protestierte beim Herzog, man habe ihn betrunken gemacht und ausgenommen, was allerdings wenig half. Man stellte Casanova vor die Alternative, die Spielschulden zu begleichen, oder in die Armee einzutreten.

Hier zeigt er wieder Nervenstärke und Mut: Er ließ sein Gepäck und sein Vermögen aus dem Hotel vor die Stadtmauern schmuggeln, entkam seinen Bewachern durch ein Täuschungsmanöver und seilte sich über die Stadtmauer zu seiner Kutsche ab.

Im schweizerischen Solothurn mietete er das Château Waldeck an, um eine Dame, die er auf der Anreise kennenlernte zu beeindrucken. Nachdem er sich über den französischen Botschafter mit der Dame hatte bekannt machen lassen, er

Casanovas Leben

eignete sich eine höchst amouröse Geschichte, die viel über Casanovas Methoden verrät:

Wieder arrangierte er bis ins kleinste Detail ein Treffen, mit dem Ziel, die Dame zu verführen. Allerdings erschien nicht die von ihm angebetete, sondern eine in ihn verliebte, ihm aber völlig zuwidere Madame F., die sich bereitwillig von ihm verführen ließ. Als seine Angebetete ihn am darauf folgenden Tag ihre Enttäuschung darüber mitteilte, er habe sie in der Nacht verpaßt, wird ihm die Täuschung klar. Madame F. setzte durch einen hämischen Brief an Casanova nach, in dem sie behauptete, Casanova mit einer Geschlechtskrankheit infiziert zu haben und weckte damit seine Rachegelüste. Tatsächlich hatte er sich angesteckt. Da aber auch Casanovas Diener an dieser Krankheit litt, faßte er seinen Racheplan. Er behauptete gegenüber Madame F., nicht er, sondern sein Diener habe sie in der besagten Nacht verführt. Es war für eine Dame von Stand natürlich ein Affront, von einem Dienstboten verführt zu werden. Und, um der Kränkung von Madame F. noch Vorschub zu leisten, forderte Casanova sie auf, sich von der Krankheit seines Dieners zu überzeugen und dem Diener ein Schmerzens- und Schweigegeld zu bezahlen, was auch geschah.

Casanova hatte es hier, wie so oft, geschafft, einer gegen ihn gerichteten Intrige zwar aufzusitzen, dennoch aber als Sieger daraus hervorzugehen. Am Schluß war nicht er der Gedemütigte, sondern Madame F.

Ganz neben bei beginnt Casanova dann mit seiner Haushälterin, Madame Dubois, die ebenfalls in die Intrige gegen Madame F. involviert war, ein Verhältnis, das von sehr tiefer Freundschaft geprägt ist.

Auch hier geht Casanova methodisch vor: Er hält sich sozusagen immer wieder gerne einen „Liebesvorrat", indem er intime Beziehungen zu seinen weiblichen Angestellten knüpft.

Höhepunkt war hierbei wohl sein Ausflug in das Unternehmertum, während seiner Pariser Zeit. Dort hatte er sich ja mit seinen Angestellten Seidenmalerinnen einen regelrechten Harem geleistet.

Casanova umwarb in Grenoble Madmoiselle de Roman, die ihm allerdings die Bedingung stellte, sich erst nach einer Heirat hinzugeben. Das war für Casanova natürlich nicht akzeptabel. Er brachte hinter ihrem Rücken einiges aus Mlle. de

Casanovas Leben

Romans Lebenslauf in Erfahrung und schrieb ihr ein Horoskop. In diesem sagte er ihr voraus, daß sie die Geliebte des französischen Königs werden würde. Allerdings müsse sie es schaffen, ihn noch vor ihrem nächsten Geburtstag zu sehen. Tatsächlich reist sie nach Paris, trifft dort den König und wird tatsächlich dessen Mätresse. Casanova hat also ganz bewußt manipuliert und damit seinen Ruf des geheimnisvollen Magiers gefestigt. Mlle. de Roman wäre von sich aus niemals nach Paris gegangen um den König zu verführen. Ausgestattet mit dem von Casanova erstellten Horoskop brachte sie diesen Mut auf.

In Florenz erhielt er von einem befreundeten Portugiesen den Auftrag, Portugal bei einem internationalen Kongreß zur Wiederherstellung des europäischen Friedens 1761 in Augsburg zu vertreten.

Bei seiner Ausweisung aus Florenz wegen des Wechselbetruges des Hochstaplers Iwanoff hatte sich Casanova interessanter Weise bereits als portugiesischer Staatsbürger unter dem Namen Chevalier Santacrux ausgegeben. Damit gab er sich wohl schon ganz der Rolle eines portugiesischen Diplomaten hin.

Seine Ausweisung aus Florenz bringt Casanova nach Rom, wo er eine Audienz beim Papst erhält. Das Treffen beeindruckt den Papst so stark, daß er Casanova den päpstlichen Orden vom goldenen Sporn verleiht. Damit hatte Casanova das Recht, sich rechtmäßig „Chavalier" zu nennen und konnte nun damit den seit längerem genutzten Titel legitimieren.

Bevor er in Augsburg seine Mission als portugiesischer Bevollmächtigter auf dem Kongress antrat, besuchte Casanova nochmals Paris, wo er sich von Mde. de Urfé mit finanziellen Mitteln und teuren Geschenken wie Uhren und Schmuck ausstatten lies. Er spiegelte ihr vor, für ein okkultes Experiment, das sie durchzuführen sich wünschte, zunächst in Augsburg über die Freilassung eines von der Inquisition in Lissabon inhaftierten Großmeisters der Rosenkreuzer verhandeln müsse. Seine Vollmachten der portugiesischen Regierung machten es Casanova leicht, sich Geld und teuerste Dinge wie eben Uhren und Schmuck zu erschwindeln. Wie das Schicksal aber spielt, konnte Casanova zwar das Geld in Form eines hohen Wechsels einstreichen, mit den Uhren und dem Schmuck machte sich allerdings sein Diener Costa aus dem Staub. Ihn trifft Casanova erst über zwanzig Jahre später in Wien wie der. Casanova erkennt Costa bei einem Spaziergang wieder und ergreift ihn wütend. Allerdings befreit Casanovas Begleiter den Dieb, der sich in ein Kaffeehaus davonmacht, von wo er dann Casanova freche Reime schicken läßt. Als Casanova den Vers „Du bist der Dieb und ich bin der Betrüger, du bist der Meister und ich bin dein Schüler" ließt, kehrt sein Humor zurück und er amüsiert sich über die Geschichte. Er ging zu Costa ins Café und versöhnte sich mit ihm.

In Augsburg angekommen, muß Casanova feststellen, daß der Kongreß wegen Differenzen zwischen Friedrich dem Großen und England nicht mehr durchgeführt werden sollte. Casanova hatte sich indes durch die Verführung einer Tänzerin in München eine Geschlechtskrankheit zugezogen, die er nun auszukurieren hatte. Wieder genesen, kehrte er nach Paris zurück. Dort beschäftigte er sich im wesentlichem mit dem okkulten Experiment, daß seine Gönnerin, die schwerreiche Madame de Urfé zur Vorbereitung ihrer Wiedergeburt wünschte, beschäftigte. Klar, daß Casanova dem Experiment eine erotische Note verpaßte, indem er behauptete, er müsse in dessen Verlauf einer Jungfrau ein Kind zeugen, als das die Marquise dann wiedergeboren würde. Casanova führte das „Experiment" durch, ließ aber gleich danach von einem Orakel feststellen, daß es nicht erfolgreich war damit und wiederholt werden mußte. Das sicherte ihm weitere finanzielle Zuwendungen der Marquise, die ganz versessen auf ihre Wiedergeburt war. Der zweite Versuch wurde ebenfalls verschoben, so daß es erst im darauf folgenden Jahr zu einem dritten Versuch in Marseille kommen soll. Allerdings verliert Casanova das Vertrauen der Marquise. Deren Verwandtschaft erhebt schwere Vorwürfe gegen Casanova, Mde. d'Urfé in großem Maße ausgenommen zu haben.

Nach dem Bruch mit seinen Gönnerin bricht Casanova nach England auf, wo er direkt in die höchsten Kreise der Londoner Gesellschaft vorstößt. Man vermutet, daß er dort sein Lotteriesystem, das ihn ja bereits in Paris zu einem reichen Mann machte, wiederbeleben wollte.

Aber zunächst verschafft er sich über die bereits bezeichnete Wohnungsanzeige eine neue Geliebte.

Darüber hinaus gerät er an Marianne Charpillon, Tochter einer Prostituierten, die ihn durch ihre Hinhaltetaktik seinen Verführungsversuchen gegenüber fast zum Selbstmord treibt. Diese Geschichte zeigt uns, mit welcher Überzeugung Casanova seine Verliebtheit auslebt: Weil sich die auserkorene Dame nicht hingibt, bleibt ihm nur der Tod. Allerdings trifft er bei dem Versuch, mit bleigefüllten Anzugtaschen in die Themse zu springen ein alter Freund, der Casanova nicht nur von seinem Vorhaben abbringt, sondern ihn auch gleich zur Teilnahme an einer Orgie überredet.

Die Carpillon läßt Casanova verklagen, da sie und ihre Familie ihm zwischenzeitlich viel Geld schulden. Allerdings führt deren Gegenklage zur Verhaftung Casanovas und erst nachdem sein Schneider und sein Weinhändler für ihn Kaution stellen und bürgen, kommt er wieder auf freien Fuß. Da der Prozeß verschoben wurde, reiste Casanova ab, bevor es zur Verhandlung kam.

Zuvor allerdings nahm er in seinem Londoner Haus eine verarmte hannoveranische Gräfin samt deren fünf hübschen Töchtern auf. Natürlich verführte er alle.

Nachdem er seine gesamte Barschaft durchgebracht hatte und ihm zudem wieder ein gefälschter Wechsel untergeschoben wurde, mußte Casanova, noch dazu an einer Geschlechtskrankheit erkrankt, England verlassen, um einem Prozeß zu entgehen. Auf Wechselbetrug stand in England damals die Todesstrafe.

Sein Weg führte ihn nach Berlin wo er relativ schnell die Bekanntschaft Friedrichs des Großen macht. Casanova schlägt dessen Angebot, an einer Kadettenschule zu unterrichten aus, nachdem er bestürzt die ärmlichen Wohnquartiere sieht, die den Ausbilden zustanden.

Auf seiner Weiterreise nach Sankt Petersburg gab Casanova seine letzten drei Dukaten einer Bedienung als Trinkgeld. Kaum im Hotel zurück, bot ihm ein jüdischer Geldwechsler an, ihm Geld gegen einen Wechsel auf ein Sankt Petersburger Bankhaus zu geben. Das hohe Trinkgeld hatte sich herumgesprochen und Casanova Kreditwürdigkeit gebracht.

Casanova verbrachte mehr als ein dreiviertel Jahr in St. Petersburg und traf dort mehrmals mit Katharina der Großen zusammen. Natürlich führte er mit der Zarin sehr interessante Gespräche, meist über die Einführung des gregorianischen Kalenders. Den Kontakt stellte ein Freimaurer-Logenbruder für Casanova her.

Casanovas Leben

Natürlich hatte Casanova auch in St. Petersburg eine Geliebte. Er kaufte einer russischen Bauernfamilie kurzerhand die Tochter für 100 Rubel ab.

Aber auch in St. Petersburg hielt es ihn nicht lange. Er reiste nach Warschau, knüpfte dort Kontakte zum polnischen Königshof. Durch eine Eifersüchtelei um eine Tänzerin muß er sich dort einem Duell mit dem Grafen Braniki stellen. Der hatte Casanova der Feigheit bezichtigt, was dieser natürlich weder war, noch auf sich sitzen lassen wollte. Der Graf wählte allerdings nicht den Degen, sondern Pistolen für das Duell und war zu alledem noch ein ausgezeichneter Schütze. Casanova konnte sich im Augenblick des Schußwechsels durch eine List retten, indem er den Grafen mit einem angedrohten Kopfschuß verunsicherte. Casanova wurde durch einen Streifschuß am Arm nur leicht, der Graf durch einen Bauchschuß allerdings schwer verletzt. Casanova mußte sich vor den Freunden des Grafen durch Flucht hinter Klostermauern retten. Erst nach Monaten erholte sich Braniki von seiner Verletzung, behandelte Casanova allerdings ab dann als Ehrenmann. Der polnische König allerdings war über das Duell nicht erfreut. Letztlich ließ er Casanova mitteilen, es sei für ihn besser, Polen zu verlassen.

Er reiste in Begleitung einer hübschen Frau, Madame Blasin, die sich auf dem Weg nach Südfrankreich befand, nach Wien. Aber auch dorthin war die Ausweisung aus Polen schon vorgedrungen und man nahm die Verwicklungen Casanovas in Glücksspiel zum Anlaß, auch eine Ausweisung aus Wien auszusprechen. Dies geschah auf persönliche Anordnung keiner geringeren als Kaiserin Maria Theresia. Es blieb ihm also nichts weiter übrig, als weiter zu vagabundieren. Über Augsburg besuchte er Köln und schließlich das belgische Spa. Dort verlor einer seiner alten Freunde beim Kartenspiel sein gesamtes Hab und Gut. Casanova kümmerte sich um dessen Geliebte und nahm diese, Madame Charlotte L., schließlich als seine Geliebte mit nach Paris. Casanova war aber mit Charlotte kein Glück beschert. Kaum in Paris angekommen, starb sie bei der Geburt eines Kindes, was Casanova sehr traf.

Aber auch in Paris erhielt Casanova eine Ausweisung, was ihn veranlaßte, nach Spanien aufzubrechen. Casanova mochte dieses Land überhaupt nicht. Er hielt die Spanier für faul und schmutzig. Einmal geriet er wegen unerlaubten Waffenbesitzes in Haft, ein anderes mal, weil er bei einem Überfall auf ihn in Barcelona einem der Täter den Degen in die Brust stieß. Pikanter Weise ereignete sich dieser Überfall just nach einem Tet-a-tet mit der Geliebten des katalanischen Generalkapitäns. Verständlich, daß es Casanova nicht lange in Spanien hielt; er machte sich wieder nach Südfrankreich auf. Er wollte Madame Blasin wiedersehen, die er auf ihrem Weg in die südfranzösische Heimat von Dresden bis nach Wien begleitete. Ihm war einerseits bekannt, daß sie mit einem Apotheker verheiratet war, andererseits wußte er ihren echten Namen nicht. Raffiniert wie Casanova war besuchte er mehrere Apotheker und verwickelte sie in lange Fachgespräche. Er ging davon aus, daß er bei einem dieser Gespräche früher oder später Mde. Blasin über den Weg laufen würde. Genau so geschah es schließlich.

Casanova versuchte auf dieser Reise auch Kontakt mit seiner großen Liebe Henriette zu treffen. Hier läßt er viel Fingerspitzen- und Taktgefühl walten: Nachdem er in Aix-en-Provence schwer erkrankt von einer ihm Unbekannten gesundgepflegt wurde reiste er mit einem Brief nach Marseille, in dessen Nähe Henriettes Schloß lag. In dem Brief teilte er ihr mit, daß er in seiner Kutsche auf sie warten, sie aber nur wenn sie wolle, treffen würde. Da Henriette nicht im Schloß, sondern in der Nähe von Aix weilte, mußte Casanova eine neue Nachricht schreiben, um ihr seine neue Adresse in Marseille mitzuteilen. Er stellte aber fest, daß die Unbekannte, die ihn in Aix gesund pflegte, im Dienste Henriettes stand.

Um sich bei den venezianischen Behörden beliebt zu machen und damit eine Rückkehr nach Venedig vorzubereiten schreibt Casanova in Lugano sein dreibändiges Buch „Confutazione", in dem er die Republik Venedig lobt, und das zu einem Bestseller wird. In den Folgejahren, die er in verschiedenen italienischen Städten verbringt, widmet er sich intensiv und erfolgreich der Schriftstellerei und einigen Liebesaffären. So verführt er in Rom unter den Augen seines alten Freundes de Bernis, der es zwischenzeitlich zum Kardinal gebracht hatte, zwei Nonnen aus einem römischen Kloster und schreibt in Bologna ein Buch über die Einflüsse weiblicher Körperformen auf den weiblichen Charakter. Auch dieses Buch verkaufte sich sehr gut, da Casanova damit eine stattliche Summe verdiente.

Er ließ sich in Triest nieder, von wo aus er immer wieder diplomatische Aufträge annahm und zwischen Venedig und Österreich vermittelte. Dies befreite ihn zunächst einmal von den ärgsten fi-

Casanovas Leben

nanziellen Sorgen und forderte sein Geschick, da es sich um sehr diffizile Aufträge handelte.

Letzten Endes konnte er 1774 offiziell wieder in seine alte Heimat Venedig zurückkehren.

Finanzielle Not treibt ihn dann dazu, bis zu seiner endgültigen Abreise aus Venedig als Geheimagent für die venezianische Inquisition, die ihn vor Jahren selbst in die Bleikammern warf, tätig zu werden.
Casanova verließ Venedig um nochmals quer durch Europa zu reisen. Aber nirgends hält es ihn. Es gelingt ihm nicht mehr, an die brillanten gesellschaftlichen Erfolge seiner Jugend anzuknüpfen. Letztlich nimmt er ein Angebot des Grafen Waldstein an, als Bibliothekar auf dessen Schloß ihm böhmischen Dux tätig zu werden. Casanova blieb 13 Jahre bis zu seinem Tod.

Er starb am 04. Juni 1798 im Alter von 73 Jahren.

Teil 2

Casanovas Erfolgsfaktoren

Casanovas Erfolgsfaktoren

Casanovas Erfolg beruht auf einer ausgeklügelten Strategie. Er war berechnend, und immer auf seinen persönlichen Vorteil bedacht. Seine Kompromißlosigkeit, die er bei der Umsetzung eines einmal gefaßten Planes an den Tag legte, machte ihn so erfolgreich.

Ein Plan ist nichts anderes als eine Strategie. Casanova ging immer nach Plan vor. Perfekte Vorbereitung ist – wie Sie sicher wissen – unabdingbar für das Gelingen eines Planes bzw. einer Strategie.

Casanova hatte eine große Strategie für sein Leben.

Innerhalb dieser Lebens-Strategie, deren Ziele er nie aus den Augen verlor, ging er wiederum planvoll in Einzelabschnitten vor. Für jedes seiner Abenteuer und Ziele, egal ob geschäftlicher oder erotischer Art, entwickelte er sich für die Umsetzung eine Erfolgs-Strategie. Sein Durchsetzungsvermögen, gepaart mit seiner Intelligenz und der Fähigkeit, flexibel auf schwierige Situationen zu reagieren, halfen ihm dabei, seine strategischen Ziele stets zu erreichen.

Casanovas Erfolgsfaktoren

Im Teil 3 des Buches erfahren Sie, wie Sie selbst Ziele und Erfolgs-Strategien festlegen können. Sie werden sehen, daß Sie, wie Casanova, sehr erfolgreich leben und den Erfolg an sich zu Ihrem großen Lebensziel machen können.

Versuchen Sie, während Sie sich mit den folgenden 10 Erfolgs-Faktoren beschäftigen, Parallelen zur heutigen Zeit zu ziehen: Übertragen Sie jeden der 10 Erfolgs-Faktoren in Ihr Umfeld. Benennen Sie den jeweiligen Erfolgs-Faktor um, wenn Sie wollen.

Schreiben Sie sich die Faktoren auf. Arbeiten Sie damit. Reflektieren Sie Ihr Leben unter dem Aspekt dieser 10 Erfolgsfaktoren. Schauen Sie auf Ihre Vergangenheit und ziehen Sie Erfahrungen für Ihre Zukunft daraus. Nur so können Sie sich selbst erkennen und damit den Ausgangspunkt – nämlich Sie – für Ihre weiteren Planungen kennenlernen.

Situationen vorbereiten, sein Vorgehen planen und eine gute Vorbereitung ist einer der wichtigsten Faktoren für Erfolg. Egal ob Sie vorhaben, eine Frau zu verführen, oder ein Geschäft zu machen: das Grundprinzip, das zum Erfolg führt, ist immer das Gleiche.

Casanovas Erfolgsfaktoren

Casanova berichtet uns, daß er sich viele Stunden des Tages mit Schreiben beschäftigte. Er führt eine umfangreiche Korrespondenz mit den großen Geistern seiner Zeit. Daneben war er auch immer wieder – mit Erfolg – schriftstellerisch tätig. Vor allem aber führte er Tagebuch. Darin notierte er nicht nur das Erlebte, sondern er machte sich intensive Gedanken darüber. Er übte damit eine Art Manöverkritik an sich, seinem Verhalten und Handlungsweisen. Diese Manöverkritik half ihm, negative Erfahrungen als solche zu erkennen um so in künftigen Lebenssituationen eine Wiederholung vermeiden zu können. So konnte er mit Hilfe seines Tagebuches erfolgreich Situationen vorbereiten und planen.

Denken Sie sich in die Rolle eines modernen Casanovas. Wie würde Casanova Ihre aktuelle Aufgabe, die gerade vor Ihnen liegt, strategisch angehen? Arbeiten Sie die Situation aus. Beschäftigen Sie sich damit. Entwickeln Sie mehrere Szenarien und planen Sie, wie Sie auf sich ändernde Umstände reagieren wollen. Sie wissen schon: ...Plan A, ...Plan B, ...Plan C. Sie werden sehen, wie schnell und effektiv sich eine gute Vorbereitung auf Ihre Erfolgsrate auswirkt.

Casanovas Erfolgsfaktoren

Lassen Sie uns noch etwas zu einem Tagebuch festhalten: Dieses Buch wird für Sie und Ihren Erfolg ein sehr wichtiges Werkzeug. Machen Sie also bitte nicht den Fehler, zu glauben, Sie könnten dafür ein einfaches, billiges Schulheft nehmen! Denken Sie an Casanova. Erfolg läßt sich vorbereiten. Zeigen Sie von Anfang an Stärke und den Willen, erfolgreich zu sein. Wie viele wirklich „erfolgreiche" Menschen würden Ihre privatesten Aufzeichnungen in ein billiges Schulheft kritzeln? Also lassen Sie es. Kaufen Sie sich in einem guten Schreibwarenladen ein schönes, gebundenes Notizbuch aus hochwertigem Papier. Achten Sie darauf, daß Sie auf dem verwendeten Papier auch mit Ihrem Lieblingsstift gut schreiben können. Wenn Sie sich beim Schreiben ständig ärgern, daß Ihr Füllfederhalter die Tinte nicht ordentlich zu Papier bringt, können Sie keine großen Erfolgsstrategien entwickeln. Das Tagebuch muß also perfekt zu Ihnen passen. Es muß also eines sein, daß Sie gerne benutzen. Eines das Erfolg ausstrahlt.

Falls Sie es vermeiden wollen, daß Ihre Freundin oder Ihre Familie darin liest, lassen Sie sich ein schönes, stilvolles Versteck einfallen.

Casanovas Erfolgsfaktoren

Ich selbst führe seit Jahrzehnten Tagebücher. Ich benutze dafür wunderbare, in Leder gebundene Bücher aus einem kleinen Papierladen in Barcelonas Altstadt, die wie alte Volanten aussehen.

Denken Sie daran: Casanovas Abenteuer waren für ihn im Prinzip nichts anderes, als „Projekte", die es anhand der festgelegten Strategie abzuarbeiten galt, damit er damit auch sein strategisches Lebensziel umsetzen konnte.

Handhaben Sie es also wie er und machen Sie aus Ihrem Tagebuch ein Drehbuch Ihres Erfolges. Legen Sie Ziele fest, die Sie kurzfristig erreichen wollen und halten Sie Termine, die Sie sich für die Umsetzung Ihrer Pläne setzten, immer ein. Finden Sie im Vorfeld heraus, was Sie benötigen, um Ihre Ziele zu erreichen. Und – ganz wichtig: Reflektieren Sie, welche Fähigkeiten SIE dafür benötigen. Arbeiten Sie an Ihrem „Plan B" genau so gewissenhaft, wie sie Plan A behandeln. Sie werden Ihren Plan B zu schätzen wissen, wenn sich Ihrem Plan A Hindernisse in den Weg stellen.

Lassen Sie uns nun aber wieder auf Casanova zurückkommen.

Casanovas Erfolgsfaktoren

Casanova ging immer methodisch vor. Beispiele finden wir in seinen Memoiren:

So hielt er sich sozusagen immer wieder gerne einen „Liebesvorrat", indem er intime Beziehungen zu seinen weiblichen Angestellten knüpfte. Beleg hierfür waren die Angestellten seiner Seidenfabrikation in Paris, die beinahe schon einen Harem darstellten, aber auch seine schweizer Haushälterin, Madame Dubois, die nicht nur seine Geliebte, sondern auch eine sehr gute Freundin und Vertraute war.

Besonders raffiniert und methodisch ging er in London vor. Er mietete ein hoch herrschaftliches Haus in der Pall Mall, einer sehr feinen Gegend. Das Haus diente ihm im mehrfacher Hinsicht als hervorragender Köder:

Es dokumentierte der Londoner High-Society, daß Herr Casanova „dazu gehörte", machte ihn also interessant. Er beabsichtigte nämlich, in London, wie bereits in Paris, eine Lotterie einzuführen. Dafür mußte er natürlich zum einen sein Pariser Lotterie-Erfolgsmodell einfach nur reproduzieren und andererseits das Vertrauen der richtigen Leute gewinnen. Also mußte erst einmal ein standesgemäßes Haus her. Wäre er in einem

Casanovas Erfolgsfaktoren

Hotel abgestiegen, wäre es schwieriger, wenn nicht sogar unmöglich gewesen, Vertrauen zu den Londoner Finanzkreisen aufzubauen. Wer in einem Hotel wohnt, hat nicht vor, lange zu bleiben. Und wer nur auf der Durchreise ist, genießt weniger Vertrauen.

Casanova hatte aber noch ganz andere Pläne, als er das dreistöckige Haus mietete. Er gab eine Zeitungsannonce auf und hängte ein Schild im Fenster seines Hauses aus, um „ein möbliertes Stockwerk mit allem Komfort und Annehmlichkeiten einschließlich Verköstigung sehr preiswert an eine kleine Familie, einen alleinstehenden Herrn oder eine solche „Dame" zu vermieten. Und hier zeigt sich seine Raffinesse, mit der er vorging: Er lockt mit einem Haus in bester Lage, allem Komfort, beste Verpflegung und zu guter Letzt, mit einem Schnäppchenpreis. Verständlich auch, auf welche Zielgruppe er mit dieser Aktion abzielt.

Interessenten sollten sich bei seiner Putzfrau melden. Diese hatte den Auftrag, natürlich nur junge, hübsche und alleinstehende Fräulein in den Kreis der in Betracht kommenden Mieter einzubeziehen. Alle anderen Interessenten wurden von ihr bereits vorher ausgesiebt. Und so dauerte es auch

nicht lange, bis Casanova eine hübsche Untermie-
terin und – nach einiger Zeit – auch eine Geliebte
gleich unter seinem Dach zu haben.

Diese Verführungen waren also keine spontanen
„One-Night-Stands", sondern sie erfolgten nach
ausgeklügelter Methode und folgten oft einem
Grundmuster, das Casanova schon mit Erfolg
ausprobiert hatte. Er mußte dieses Erfolgsmuster
lediglich der jeweiligen Situation anpassen. Sie
wissen worauf ich hinaus will: ...Plan A, ...Plan
B... usw.

Dem Zufall überließ Casanova – ganz der Profi –
nichts.

Ein wichtiger Aspekt auf dem Weg, erfolgreich
zu sein, ist die ständige Überprüfung Ihrer Ziele
und des Standes ihrer Verwirklichung. Verzichten
Sie auf unnötigen Aktionismus und konzentrieren
Sie sich ausschließlich auf das, was Ihnen wichtig
ist. Gertrude Stein sagte einmal, daß derjenige,
der sich ständig mit Informationen überfluten
läßt, den Blick für das Wesentliche verliert. Das
war vor beinahe einhundert Jahren. Nehmen Sie
es sich zu Herzen. Denken Sie darüber nach. Und
vor allem: Beachten Sie dabei, um wie viel die

Casanovas Erfolgsfaktoren

Informationsflut in den letzten hundert Jahren zugenommen hat....

Üben Sie sich in der Kunst des Müßigganges. Das lädt Ihnen sicher Ihre Akkus wieder auf und macht Sie im Laufe der Zeit gelassen. Gelassenheit wiederum versetzt Sie in die Lage, die Dinge – und damit auch alles, was mit der Eroberung von Frauen zu tun hat – einfach auf sich zukommen zu lassen. Gelassen können Sie auch schon deswegen sein, weil Sie – gute Strategie vorausgesetzt – auf alle sich stellenden Situationen reagieren können.

Wenn Sie gelassen sind und Spaß an dem haben, was Sie tun, wird ein sehr positiver Effekt eintreten: Eine gewinnende Position wird nämlich bei weitem rationaler bestritten als eine verlierende. Und auch das stärkt Ihren Erfolg.

Casanovas Erfolgsfaktoren

Im folgenden möchte ich Ihnen nun 11 der wichtigsten Erfolgsfaktoren Casanovas näher bringen:

Faktor 1: Selbstdarstellung.

Casanova war Schauspieler. Schon durch seine Eltern hatte er die Bühnenluft im Blut. In einer Zeit, die sich den Vergnügungen und dem Rausch der Sinne verschrieben hat, lebte Casanova eine perfekt inszenierte Selbstdarstellung. Seine Umgebung liebte oder haßte ihn. Für ein Mittelmaß ließ Casanova keinen Raum.

Faktor 2: Bildung.

Casanova war gebildet und hochintelligent. Doktor Juris mit 16. Studien in Medizin und Chemie. Er las sowohl die Klassiker wie auch zeitgenössische Literatur und beherrschte seine Lieblingslektüre, die Werke von Horaz und Ariost auswendig. Er dichtete Sonetten in italienischer und französischer Sprache, schrieb eigene und übersetzte Theaterstücke. Er diskutierte mit Voltaire. In Paris gelingt es dem fünfundzwanzigjährigen Casanova, den führenden Schriftsteller Crébillon zu überzeugen, ihm Sprachunterricht zu erteilen, indem er behauptet, wegen sei-

Casanovas Erfolgsfaktoren

nes unersättlichen Wissensdurstes, seiner Neugierde und Fragelust keinen Lehrer zu finden.

Faktor 3: Willenskraft

Casanova war der Überzeugung, „...*daß ein Mann, der sich mit Entschiedenheit dafür einsetzt, etwas Bestimmtes zu tun, und an nichts anderes mehr denkt, alle sich ihm in den Weg stellenden Hindernisse überwinden wird. Ein solcher Mann kann Papst oder Großwesir werden oder eine Monarchie stürzen – vorausgesetzt allerdings, daß er ein kluger, ausdauernder Mann ist, der Gelegenheiten beim Schopf zu packen weiß*.“

Er hatte Willenskraft und die erforderliche Durchsetzungsfähigkeit.

Faktor 4: Mut

Casanova war mutig, kühn und risikobereit. Einerseits wagt er es bei einem Theaterbesuch in Paris die berühmte Mätresse des Königs, die Marquise Pompadour und den Kardinal Richelieu geschickt anzusprechen und sogar in ein Gespräch zu verwickeln, andererseits besitzt er die Tollkühnheit aus den Bleikammern Venedigs zu fliehen und damit seinen Ruf als Ausbrecherkönig zu begründen.

Faktor 5: Nervenstärke

Bei der Flucht aus den Bleikammern Venedigs stellt Casanova uns mehrmals seine Nervenstärke unter Beweis: Als er in eine andere Zelle verlegt wird, entdeckt sein Wärter den fast durchbrochenen Zellenboden und fordert von Casanova das zu Hilfe genommene Werkzeug. Casanova verweigert jegliche Kooperation und schüchtert den Wärter dadurch ein, im Falle weiterer Ermittlungen gegenüber der Inquisition behaupten zu wollen, der Wärter selbst habe ihm das Werkzeug beschafft. Auf der Flucht selbst versteckt sich Casanova im Haus des Polizisten, der ihn sucht, da er dort am wenigsten erwartet, entdeckt zu werden.

Faktor 6: Kontakte

Casanova gelingt es mit Empfehlungsschreiben schnell und sicher, in die elitären Gesellschaftskreise der von ihm bereisten Städte vorzudringen und so ein für damalige Verhältnisse „globales Netzwerk" aufzubauen und zu nutzen. Er läßt sich solche Schreiben auch an ihm bereits be-

Casanovas Erfolgsfaktoren

kannte Persönlichkeiten adressieren. Damit stärkt er sein Ansehen und seine Position innerhalb seines Netzwerkes. Geschickt knüpft und verknüpft er Kontakte von und zu einflußreichen, handelnden Personen der Gesellschaft.

Faktor 7: Ritterlichkeit

Casanova stand seinen weiblichen Eroberungen immer selbstlos und ehrenhaft zur Seite. So gelang es ihm beispielsweise, seinen Geliebten reiche Ehemänner zu finden und sie mit diesen zu verheiraten. Von einem Bruder einer Geliebten (der Nonne C.C.) akzeptiert er einen Wechsel, von dem er genau weiß, wie wertlos das ungedeckte Papier ist. Auch läßt er es sich nicht nehmen, sich für Dinge, die er als seine Fehler erkennt, bei Mitmenschen zu entschuldigen. Dies tut er sogar Jahre nach den Vorfällen.

Faktor 8: Originalität

Man hielt Casanova für ein interessantes Original. Seine kommunikative Art, Belesenheit, gepaart mit Geist und Intelligenz machten ihn zu einem begehrten Gast in allen europäischen Salons, den Zentren des damaligen Gesellschaftslebens. Und zu erzählen hatte Casanova mit seinem bewegten Leben auch als junger Mann schon etwas.

Faktor 9: perfekte Umgangsformen

Casanova ging in den ersten Häusern Europas ein und aus. Er war zu Gast bei Fürsten, Königen und Päpsten. Selbst Friedrich der Große empfing ihn. Er arbeitete ständig an seiner Vervollkommnung. So etwa nahm er in Paris Tanzstunden bei einem berühmten Operntänzer. Was Speisen und Getränke anbelangt, ist ihm nur das Beste gut genug.

Faktor 10: Glück

Casanova war ein Glückskind. So schnell wie er sein Geld machte, so schnell gab er es wieder aus. Trotzdem verbrachte er sein gesamtes Leben im Luxus. Aber auch bei anderen Menschen achtete Casanova darauf, Glück zu schenken. Nicht nur deshalb haben die zahllosen Frauen, die er verführte, nicht darunter gelitten. Das Gegenteil war der Fall: Viele seiner ehemaligen Geliebten Halfen ihm bei späteren Begegnungen aus prekären Situationen heraus oder pflegten noch über Jahrzehnte einen ausgedehnten Briefwechsel mit Casanova.

Casanovas Erfolgsfaktoren

Faktor 11: Trends.

Casanova setzte das große Thema seiner Epoche um. Er lebte anderen vor, wovon diese träumten. Und wurde damit zu einem Trendsetter und Leitbild der feinen Gesellschaft. Natürlich diente ihm das auch als Köder. Leute die „IN" sein wollten, sich also in einem Trend bewegten, zog er damit an, wie Motten das Licht. Da seine Zielgruppe die gesellschaftliche Oberschicht war, mußte er sich auch mit deren Trends auseinandersetzen. Das waren damals vor allem Okkultismus und Glücksspiel. In beiden Disziplinen war Casanova ein wahrer Virtuose. Als Freimaurer, Alchemist und Kenner der Kabbala beeindruckte er durch fantastisches, verblüffendes Detailwissen, als Spieler beeindruckt er durch seine Fähigkeit, auch hohe Verluste mit Haltung hinzunehmen. Beides wird uns in vielen Briefen aus Casanovas Umfeld bestätigt.

Teil 3

Casanovas Erfolgs-Strategie

Casanovas Erfolgsstrategie

Wir haben also gesehen, daß sich Casanova immer methodisch eine Strategie entwickelte, um erfolgreich zu sein. Egal ob er seine Geschäfte tätigte, oder eine Frau verführte.

Casanovas Erfolgs-Strategie – wie im übrigen eigentlich jede Strategie - beruht insbesondere auf folgenden Komponenten:

- Analyse der Absichten einflußreicher, handelnder Personen
- Analyse seines gesellschaftlichen Umfeldes,
- Prognosen über die Entwicklung gesellschaftlicher Trends,
- Kosten- , Wert- und Risiko-Prognosen

Aus diesen Komponenten und den von ihm definierten Zielen leitete Casanova seine jeweilige Erfolgs-Strategie ab, die er für die betreffende Situation für die geeignetste hielt.

Den Umfang der einzusetzenden Mittel klärte Casanova mit sich selbst ebenso grundsätzlich ab, wie das Ziel, daß er erreichen wollte. Seine zu entwickelnde Erfolgs-Strategie richtete sich danach aus, ob das zu erreichende Ziel das schnelle generieren von Einmalerlösen oder das nachhaltige Erwirtschaften von Erlösen darstellte.

Casanovas Erfolgsstrategie

Um Entscheidungsgrundlagen zu schaffen, gelang es Casanova, auf Basis seiner Erfolgs-Faktoren entwicklungsfähige, gesellschaftliche Chancen und wirtschaftlich nicht verwertbare Chancen ebenso zu erkennen, wie Erlöse und Kostenpotentiale aufzudecken. Dabei betrachtete er die handelnden Einzelpersonen jeweils parallel zur gesamten Gesellschaft.

Und, was ganz wichtig war, er beschäftigt sich mit sich selbst. Er machte sich zur Ausgangsposition für seine Erfolgsstrategie. Sein freimaurerischer Hintergrund erleichterte ihm das natürlich.

Erkenne Dich selbst!

Erinnern wir uns: Casanova wuchs als Sohn eines Schauspielerehepaars auf. Er mußte schon als Kind auf die Bühne. Daraus können wir schließen, daß er eines nicht kannte: Schüchternheit.

Casanova übernahm immer wieder diplomatische Sonderaufträge. Auch vor Spionageaufträgen machte er nicht halt. Damit sicherte er sich ein hohes Maß an Beachtung, vor allem bei seinen Auftraggebern. Hieraus können Sie eine Erfolgsstrategie für Ihren beruflichen Erfolg ableiten: Übernehmen Sie Projektarbeiten, vor allem Sonderprojekte. Damit stehen Sie im Fokus Ihrer

Casanovas Erfolgsstrategie

Vorgesetzten. Aber auch unter Erfolgsdruck. Einerseits erwarten Ihre Vorgesetzten Ergebnisse, andererseits werden es Ihnen Ihre Kollegen nicht gerade leicht machen... Denken Sie daran. Erfolg macht einsam. Sie werden zwar viele Bekannte haben, aber nur wenige Freunde.

Eine Entwicklung, die Sie auf dem Weg des Erfolgs mit Casanova teilen. Auch ihm ging es nicht viel anders.

Strahlen Sie Erfolg aus. *Ab dem Moment, in dem Sie beschließen, erfolgreich zu sein!*

Ich betone hier ausdrücklich, daß Sie beschließen können, erfolgreich zu *sein*. Wenn Sie erst anfangen, zu beschließen, erfolgreich *werden zu wollen*, gestehen Sie sich damit schon ein, eigentlich im Moment erfolglos zu sein.

Sie sind ab dem Zeitpunkt erfolgreich, ab dem Sie beginnen, erfolgreich zu handeln. Es kommt also nicht darauf an, irgendwelche Ziele zu erreichen, um Erfolg zu haben. Viel mehr kommt es darauf an, sich den Zielen mit Erfolg zu nähern.

Casanovas Erfolgsstrategie

Nehmen wir das klassische Beispiel Casanovas:

Das Ziel, das es zu erreichen gilt, ist die Verfüh-rung einer bestimmten Frau.

Wenn Sie mit Casanovas Erfolgs-Strategie vor-gehen, können Sie als Ziel festlegen:

Mit dieser Frau
verbringe ich eine aufregende Nacht.

Das ist das Ziel.

Wenn Sie die Frau einfach plump anmachen, und es klappt, haben Sie das Ziel erreicht und hatten einen Erfolg. Leider aber nur einen Zufallstreffer.

Sie können nun natürlich, wie so viele andere auch, nach dem Gieskannen-Prinzip vorgehen. Wenn Sie genügend Frauen auf die plumpe Art anmachen, wird es schon bei einer klappen.

Sie sind aber sicher mit mir einer Meinung: Das hat mit Erfolg allerdings nicht viel zu tun.

Wenn Sie sich aber jetzt erst einmal intensiv Ge-danken darüber machen, *welche* Frau Ihren Erfolg krönen soll. Wenn Sie dann auch beschließen, nicht nach dem vorgeschilderten Zufallsprinzip vorgehen zu wollen, beginnen Sie, methodisch, und damit erfolgreich zu handeln.

Überlegen Sie sich, warum es gerade diese eine Frau sein soll.

Hier können viele Gründe in Frage kommen: Schlicht und einfach Sex, ein One-Night-Stand, der Versuch, eine längerfristige Beziehung aufzubauen, beruflich weiterzukommen und viele solcher Gründe mehr.

Machen Sie sich also erst Ihre Gedanken über das Ziel, das es für Sie zu erreichen gilt, und warum Sie es erreichen wollen. Sie müssen dann eine Wertung vornehmen, wie viel Ihnen das Erreichen des Ziels Wert ist. Diese Entscheidung können nur Sie alleine treffen. Für den einen ist es schon zu viel, in der vagen Erwartung eines One-Night-Stands mit einem gemeinsamen Frühstück am nächsten Morgen rechnen zu müssen, für den anderen spielt die Tatsache, daß sich die Frau seiner Träume erst nach einer Heirat zur gemeinsamen – hoffentlich aufregenden – Nacht bereit erklärt, keine Rolle. Er nimmt dann auch eine Hochzeit in Kauf.

Casanovas Erfolgsstrategie

Machen Sie sich Ihre Gedanken über das WIE. Entwickeln Sie Ihre eigene, individuelle Erfolgs-Strategie für diese Frau.

Überlegen Sie, wie Casanova an Ihrer Stelle vorgegangen wäre. Plumpe Anmache war nicht sein Stil. Ihrer auch nicht. Sonst hätten Sie sich nicht die Mühe gemacht, dieses Buch zu lesen.

Casanova legte sich immer einen Plan zurecht. Schreiben Sie Ihren Plan auf. Erinnern Sie sich an das Tagebuch, das Sie zum Drehbuch machen.

Casanovas Erfolgsstrategie

Sie wissen bereits genau, wie Sie vorzugehen haben:

- Überlassen Sie nichts dem Zufall.
- Analysieren Sie die handelnden Personen. Besonders wichtig ist es, so viel wie möglich über die Frau, die Sie verführen möchten, herauszufinden.
- Legen Sie sich einen Plan A, einen Plan B und – falls es sein muß - auch einen Plan C zurecht. Überlegen Sie, wie Sie das Interesse der Frau wecken können. Das funktioniert nur, wenn Sie möglichst viel über sie herausgefunden haben.
- Schätzen Sie den richtigen Zeitpunkt ab. Es hat keinen Sinn, sich „zwischen Tür und Angel" an die Frau heranzumachen. Sie brauchen Zeit. Sorgen Sie in Ihrem Plan für die erforderlichen Zeitfenster.
- Überlegen Sie sich, unter welchen Bedingungen Sie Ihren Plan A aufgeben und zu Plan B übergehen.
- Machen Sie sich Gedanken, wie viel Ihnen das Erreichen Ihres Zieles wert ist.
- Überlegen Sie, von welchem Ausgangspunkt aus Sie ausgehen können. Kennen Sie sich bereits? Müssen Sie sich erst noch kennen lernen? Alles Dinge, die auf Ihre individuelle Strategie Auswirkungen haben werden.

Sie werden sehen, wie schnell Sie Ihre persönliche Erfolgs-Strategie aufstellen können. Natürlich kann es erforderlich werden, diese in dem einen oder anderen Punkt später noch einmal anzupassen oder zu überarbeiten. Aber Sie werden sehen, daß Sie Spaß daran finden werden, sich methodisch an Ihr Ziel heran zu arbeiten.

Eine Garantie für das Gelingen kann es nicht geben. Sie dürfen niemals vergessen, daß Sie es immer mit Menschen zu tun haben. Und die haben nun mal immer Ihre eigene Meinung. Sollten Sie Ihr Ziel mit Ihrer persönlichen Strategie nicht erreichen können, haben Sie aber immer drei Möglichkeiten:

- Sie ändern Ihre Strategie
- Sie ändern Ihre Ziele
- Sie ändern Ihre Einstellung.

Letztere Möglichkeit führt meist zu einer Änderung der Ziele.

Merken Sie sich aber ganz genau, daß ein selbst definiertes Ziel nicht zu erreichen, nicht bedeutet, erfolglos zu sein. Da das Erreichen Ihres Zieles in den meisten Fällen nicht ausschließlich von Ihrem Geschick abhängt, definiert sich der Erfolg

Casanovas Erfolgsstrategie

über das erfolgreiche Handeln. Ganz besonders eben auch dann, wenn ein Ziel (aus welchen Gründen auch immer) nicht erreicht werden kann. Erfolgreich sind Sie, wenn Sie in der Lage sind, rechtzeitig zu reagieren und gegebenenfalls neue, erreichbare Ziele für sich zu definieren.

Zum Thema One-Nigth-Stands kann ich Ihnen in diesem Zusammenhang auch noch ein klein wenig mit auf den Weg geben:

Legen Sie es nicht auf One-Night-Stands an. Denken und Handeln Sie langfristig und nachhaltig. Die One-Night-Stands ergeben dabei dann sowieso.

Entwickeln Sie „Esprit". Passion und Leidenschaft ist das, was zählt. Umgarnen Sie Ihre Auserwählte. Werben Sie um Sie. Und: wenn der richtige Moment gekommen ist, wecken Sie die Instinkte. Hast und Eile sind völlig fehl am Platz: Lassen Sie eine gewisse Vertrautheit wachsen.

Wecken Sie Instinkte. Das ist es worum es geht. Haben Sie das verstanden, kommen Sie zum Ziel.

Gehen Sie mit Bedacht, und zielorientiert vor. Seien Sie durchsetzungsfähig. Hierbei hilft es, sich selbst (aber keinesfalls Ihrer Auserwählten) Meilensteine zu setzen. Halten Sie Ihren „Zeitplan" flexibel. Passen Sie ihn immer wieder den aktuellen Gegebenheiten an und bleiben Sie Herr der Situation. Halten Sie sich an den Grundsatz der Börse und des Casinos: 24 Stunden totale Kontrolle und knallhartes Limit.

Vergessen Sie nicht: Solange sie agieren und nicht nur reagieren, haben Sie das Heft in der Hand und die Situation erfolgreich unter Kontrolle. Hier gilt immer der Grundsatz, daß eine verlierende Position niemals so rational bestritten wird, wie eine positive. Auch ein Geheimnis, warum erfolgreiches Handeln oft zum Erreichen der Ziele führt.

Klopfen Sie nicht zu sehr „auf den Busch". Gehen Sie subtil vor. Die Gefährlichen im Leben sind nicht die Lauten vorne, sondern die Stillen, hinten. Die mit dem breiten Lächeln im Gesicht: die wissen wie's geht... Sie haben Großes vor. Verpatzen Sie es nicht durch unprofessionelles Vorgehen. Denn schon allein das ist unprofessionell. Damit ist Erfolglosigkeit sicher vorprogrammiert.

Casanovas Erfolgsstrategie

Verlassen Sie sich nicht auf Ihr Glück alleine. Glück ist einer von Casanovas Erfolgsfaktoren. Aber Sie können die Wirkung von Glück durch eine ordentliche Vorbereitung und strategisches Vorgehen um ein Vielfaches erhöhen. Lassen Sie den Faktor Glück als i-Tüpfelchen zu. Machen Sie ihn aber nicht zur Basis Ihres Handelns.

Wenn Sie nach dem Motto „ schau'n wir mal, ob wir Glück haben" vorgehen, ist der Mißerfolg eigentlich schon vorprogrammiert. Sie handeln dann irgendwann wieder mit plumper Anmache und dem Gieskannen-Prinzip....

Orientieren Sie sich immer in die Zukunft gerichtet. Sie können (und müssen) zwar aus Ihren Fehlern der Vergangenheit lernen, indem Sie diese reflektieren und analysieren, aber vergessen Sie nie, daß bei dem Gedanken *„hätte ich"* der Konjunktiv stört.

Denken Sie daran: Sie wollen nicht erfolgreich werden. Sie werden ab sofort erfolgreich handeln. Nur so sichern Sie sich Ihren Erfolg!

Stellen Sie sich einen „geistigen Werkzeugkasten" zusammen, aus dem Sie dann die der jeweiligen Situation angemessenen Komponenten für eine Strategie herausnehmen können. Die nachfolgend aufgeführten Werke bieten Ihnen eine Menge Material, mit dem Sie Ihren Werkzeugkasten füllen können.

Lassen Sie sich nicht durch Situationen erschrecken oder sogar abschrecken. Sie können sicher sein: Nichts auf dieser Welt ist wirklich ganz neu. Schon gar nicht im zwischenmenschlichen Bereich. Alles war vorstellbar ist, war auch schon mal da. Sie können also auf Erfahrungswerten aufbauen. Sie wissen ja: Plan A, Plan B, Plan C.... usw.

Ich lege Ihnen daher neben der Lektüre von Casanovas Biographie „Geschichte meines Lebens" besonders folgende Klassiker ans Herz, die Ihnen allesamt in den alltäglichen, zwischenmenschlichen Auseinandersetzungen die Regeln und Bedingungen des Erfolgs aufzeigen:

Epikur: *Briefe, Sprüche, Werkfragmente*

Epikur verschafft Ihnen die Basis, sich dem genußvollen Leben zu öffnen. Auch Casanova hatte sich in seiner Jugend mit den Lehren Epikurs befaßt.

Casanovas Erfolgsstrategie

Wu Sunzi: *Die Kunst des Krieges*

Sunzi, königlicher General, zeigt Ihnen, wie man Initiative entwickelt um siegreich zu sein. Dazu vermittelt er grundlegende Taktiken, die auch im heutigen, tagtäglichen Leben ihre Berechtigung haben.

Marc Aurel „*Selbstbetrachtungen*"

Aurel, römischer Kaiser und Philosoph (121 - 180 n. Chr.), setzt sich mit den stoischen Tugenden Tapferkeit, seelische Standhaftigkeit, Genügsamkeit, Pflichttreue und Friedensliebe auseinander.

Niccolo Machiavelli „*Der Fürst*"

Machiavelli legte Anfang des 16. Jahrhunderts im Florenz der Medici die Bedingungen nieder, unter denen sich ein Fürst an der Macht halten und diese auch ausbauen kann. Ein MUSS auch in der heutigen Zeit.

Casanovas Erfolgsstrategie

Miyamoto Musashi: *Das Buch der fünf Ringe*

> Musashi, japanischer Samurai und erfolgreichster Schwertkämpfer des 17. Jahrhunderts, erklärt anhand des Schwertkampfes grundlegende strategische Regeln sowie die schnellstmögliche Situationsanalyse, die sich auf jeden Bereich übertragen lassen.

Carl von Clausewitz: *Vom Kriege*

> Von Clausewitz, preußischer General stellt in seinem 1832 erschienen Buch die Wirkung, Aufgaben und Verantwortlichkeiten handelnder Personen in Krieg und Friedenszeiten dar. Das Werk ist heute Pflichtlektüre jedes Spitzenmanagers.

Mit dem in diesen Büchern enthaltenen Wissen um Erfolg und Macht, gepaart mit der raffinierten Kunst der Verführung, wie Casanova sie uns zeigt, ist die Methodik des Erfolges eigentlich schon greifbar. Allerdings nutzt – wie immer im Leben – die schönste Theorie wenig, wenn es an der Umsetzung mangelt. Für die Umsetzung der Erfolgs-Methode sind aber allein Sie sich selbst gegenüber verantwortlich.

Casanovas Erfolgsstrategie

Mein Geheimtip: Lernen Sie, die Erfolgs-Module aus Ihrem Werkzeugkasten in der richtigen Reihenfolge zum richtigen Zeitpunkt anzuwenden.

Dazu müssen Sie eine sich Ihnen stellende Situation blitzschnell analysieren und auf Basis dieser Situationsanalyse entscheiden, wie Sie *agieren* wollen.

Achten Sie darauf, nicht zu *reagieren*, denn dann haben Sie das Steuer schon abgegeben und sind ein Spielball der Situation.

Für die Umsetzung möchte ich Ihnen noch zehn Regeln mit auf den Weg geben, die Ihnen den Weg zum Erfolg erleichtern können:

1. Seien Sie professionell in allem was Sie tun. (Top-Management-Motto: Notfalls ersetze völlige Unwissenheit durch kompetentes Auftreten).

2. Verschaffen Sie sich Bildung (nur wer mitreden kann, wird beachtet).

3. Schaffen Sie sich Verbindungen (neudeutsch: Betreibe Networking).

4. Machen Sie eine gute Figur (Kleider machen Leute).

5. Verschaffen Sie sich einen guten Auftritt (Der erste Eindruck zählt!).

6. Verschaffen Sie sich Vertrauen (nur das bringt menschliche Nähe).

7. Seien Sie großzügig und freigiebig (allerdings nur im Rahmen Ihrer finanziellen Möglichkeiten).

8. Seien Sie risikobereit (No Risk – No Fun).

9. Nutzen Sie die Zeit (besser ist es, zu agieren als zu reagieren).

10. Umgeben Sie sich mit dem Geheimnisvollen (Ein interessantes Image steht jedem gut zu Gesicht).

Casanovas Erfolgsstrategie

Lassen Sie mich Ihnen noch ein paar Tips aus Casanovas Strategie zur Verführung von Frauen geben.

Nur etwa ein Zehntel der gut und gerne fünf Bände füllenden Memoiren Casanovas beschäftigt sich mit seinen amourösen Abenteuern. Allein das genügte, um seinen Ruf als Fraueneroberer Nr. 1 bis heute zu erhalten. Was war und ist also so effektiv an Casanovas Umgang mit Frauen?

Wir erinnern uns: Zwei überaus hübsche, vornehme Schwestern sind es, an die Casanova seine Unschuld verliert:

Casanova hatte im Laufe seiner Liebesabenteuer zeitlebens immer wieder auf diese Erfahrung zurückgegriffen. Er verrät uns in seinen Memoiren, daß er *grundsätzlich Jungfrauen oder Frauen mit Vorurteilen gegen ihn nur im Beisein einer anderen Frau verführt. Die Schwachheit der Einen führt zum Fall der Anderen. Dadurch, daß eine ihm eine kleine Gunst gewährt, zwinge sie die Andere damit, ihm eine größere zu gewähren.* Casanova spielte die Damen gegeneinander auf raffinierte Weise aus.

Casanovas Erfolgsstrategie

Machen Sie die Frauen glücklich:

Casanova achtete immer darauf, daß er allen Frauen, die er verführte, auch glücklich machte. Egal, ob er die Frau jemals wieder sehen würde. Trotz seiner Untreue der Einzelnen gegenüber pflegten die Damen immer gerne ihre Erinnerungen an die mit ihm verlebten Stunden. Er war den Frauen gegenüber immer sehr großzügig und überhäufte sie mit großen und kleinen Geschenken. Darüber hinaus achtete er seine Damen auch als würdige Mitmenschen und festigte durch seine Schmeichelhaftigkeit deren Selbstwertgefühle. Durch seine Schmeicheleien und die Vertrautheit, die er zu schaffen verstand, brach er die Abneigung der Frauen, die sie einer Verführung entgegenbrachten.

So teilt uns Casanova in seinen Memoiren eine seiner Strategien mit: *Noch bevor das Mädchen Zeit zum Nachdenken findet, ist sie dem Genuß verfallen. Ihre Neugier führt sie weiter und weiter. Die Gelegenheit tut ihr Übriges....*

Er schafft also erst eine gewisse Atmosphäre und Stimmung, um dann die passende Gelegenheit für eine Verführung abzuwarten. Er lehnt es allerdings strikt ab, sich Frauen durch Alkohol genüg-

Casanovas Erfolgsstrategie

sam zu machen, da ihm *ein Sieg, der dem Rausch zu verdanken war, zu bequem erscheint.*

Wichtig ist natürlich auch, wie Sie Frauen gegenüber auftreten. Da kommt es zunächst auf das Äußere an: Männer die gut und vor allem gesund aussehen, haben die besten Chancen. Denken Sie daran: Der erste Eindruck zählt.

Frauen haben immer ein Bild von einen „Traummann" im Kopf. Visualisieren Sie, wie dieser aussieht. Passen Sie sich diesem Traumbild an. Damit haben Sie schon die halbe Miete. Sie werden sehen, daß Ihnen Ihre Auserwählte mit wachsendem Vertrauen auch immer mehr vom Bild ihres Traummannes preisgibt.

Erfüllen Sie diesen Traum, machen Sie die Frau glücklich!

Dazu noch ein paar allgemeine Tips:

Achten Sie auf Ihre Figur.

Essen und trinken Sie weniger, aber dafür erlesenere Speisen und Getränke. Haben Sie Gewichtsprobleme, befassen Sie sich mit der Trennkost-Methode (Trennkost Bücher sind in jeder

Buchhandlung zu haben), die schon vielen schnell und effektiv zu einer guten Figur verholfen hat, ohne auf Genuß zu verzichten.

Achten Sie auf Ihr Äußeres.

Gesundes Aussehen ist das A und O. Besorgen Sie sich eine 10er-Karte für das nächstgelegene Solarium und gönnen Sie sich eine gesunde Bräune. Erfolgreiche Menschen sehen selten blaß aus. Treiben Sie ein wenig Sport. Körperliche Fitneß verhilft nicht nur beim Liebesakt zu längerer Ausdauer...

Achten Sie auf Ihre Kleidung.

Gut angezogen sein heißt, stilvoll angezogen zu sein. Sehen Sie sich an, wie viele Frauen beim Anblick von James Bond dahinschmelzen. Versuchen Sie, Ihren eigenen Kleidungsstil zu entwickeln. Verzichten Sie auf allzu modischen Schnick-Schnack. Auch hier gilt: Weniger ist mehr. Kaufen Sie sich lieber nur 2 – 3 Sakkos, die aber in bester Qualität. Studieren Sie die Kleidung und den Stil der Erfolgreichen. Leiten Sie sich hieraus Ihren eigenen Kleidungs-Stil ab.

Casanovas Erfolgsstrategie

Achten Sie auf Ihren Esprit.

Geben Sie sich weltmännisch. Lernen Sie ein paar einfache, aber ausgefallene Gerichte zu kochen. Verschaffen Sie sich Grundwissen zum Thema Essen und Trinken. Beschäftigen Sie sich mit Wein. Nichts ist peinlicher, als bei einem romantischen Candle-Light-Diner vor der Weinkarte zu sitzen und keine Ahnung zu haben (allenfalls, so zu tun, als kenne man sich aus, um dann festzustellen, daß unser Gegenüber tatsächlich Ahnung hat, und uns entlarvt).

Achten Sie darauf, informiert zu sein.

Lesen Sie etwas Zeitung. Wer es nicht alle Tage möchte, sollte sich wenigstens einmal die Woche die „Zeit" durchlesen. Schauen Sie sich ab und zu mal ein Hochglanzmagazin für Männer an. Überlegen Sie sich, welche Themen Ihre Auserwählte interessieren könnten und informieren Sie sich darüber, damit Sie mitreden können. Das schafft Sympathie und Vertrauen.

Casanovas Erfolgsstrategie

Achten Sie darauf, Zeit zu haben.

Teilen Sie Ihre Zeit gut ein. Geben Sie Ihrer Auserwählten den Eindruck, Sie sei das Wichtigste für Sie auf der Welt. Schaffen Sie sich die notwendigen zeitlichen Freiräume, damit Sie nichts überstürzen müssen. Lassen Sie Ihre Auserwählte merken, daß Sie Zeit haben. Und merken Sie sich: Operative Hektik ersetzt geistige Windstille. Bleiben Sie also ruhig und gelassen. Eben professionell. Das bezieht sich ganz besonders auf die Tatsache, daß Sie es nicht sofort darauf anlegen sollten, mit der Dame Ihrer Wahl möglichst schnell zu einem Schäferstündchen zu gelangen. Frauen setzen dafür in der Regel ein hohes Maß an Vertrauen voraus. Und diese Vertrauen muß von Ihnen erst gewonnen bzw. aufgebaut werden. Nehmen Sie sich also die Zeit, die erforderlich ist, bis man (Frau) Vertrauen zu Ihnen faßt.
Und: wenn Sie das Vertrauen erworben haben, mißbrauchen Sie es nicht. Denken Sie daran, daß Casanova so offen mit all seinen Eroberungen war, daß diese ihm auch nach Jahrzehnten noch gerne „aus der Patsche" halfen, wenn er sich wieder einmal in einer schwierigen Lage befand.
Natürlich hat auch Casanova Vertrauen von Frauen mißbraucht. Und das nicht nur einmal. Aber Sie können es ja besser machen.

Casanovas Erfolgsstrategie

Achten Sie darauf, zuzuhören.

Frauen möchten akzeptiert werden. Hören Sie also zu, was Ihnen Ihre Auserwählte zu sagen hat. Denken Sie über das nach, was Sie erzählt bekommen. Vor allem achten Sie darauf, was sie Ihnen „zwischen den Zeilen" sagt. Richten Sie sich danach. Und denken Sie daran: Sie wollen ihr ja Ihr „Traumbild" eines Mannes erfüllen. Üben Sie sich bei Ihren Gesprächen in der Kunst der direkten und indirekten Andeutung: Geben Sie „ganz nebenbei" ein Stichwort, das den Eindruck erweckt, Sie wüßten über einen bestimmten Sachverhalt Bescheid. Ihre Gesprächspartnerin wird Sie im Vertrauen und der Annahme darauf, daß Sie Bescheid wissen, gerne Rede und Antwort stehen...

Achten Sie auf Gemeinsamkeiten.

Versuchen Sie Gemeinsamkeiten zu finden. Finden Sie keine, schaffen Sie welche. Das können Sie zum Beispiel, in dem Sie gemeinsam einen Tagesausflug machen, oder einfach nur einen Kneipenbummel. Rufen Sie anschließend gemeinsame Erlebnisse oder Anekdoten in Erinnerung. Auch hier kann Ihnen die oben erwähnte

Casanovas Erfolgsstrategie

Kunst der Andeutung viele nützliche Dienste leisten. Auch das schafft Vertrauen und kostet wiederum Zeit. Aber merken Sie sich: Es ist gut investierte Zeit, denn Ihre Chancen, erfolgreich zu Verführen steigen erheblich.

Achten Sie darauf, nicht anzugeben.

Weniger ist oft mehr. Sie haben es nicht nötig, aufschneiderisch zu prahlen. Ruhen Sie in sich selbst. Machen Sie aus sich einen interessanten Menschen, ohne dies auf Lügengeschichten aufzubauen. Schaffen Sie sich eine erfolgreiche Aura aber werden Sie nicht zum Blender. Apropos Blender: Verzichten Sie auch in Punkto Uhren auf so etwas. Lieber eine gebrauchte klassische Uhr vom Flohmarkt, die Ihren Charakter optimal unterstreicht, als ein billiges Nobel-Imitat, daß über kurz oder lang sowieso als solches entlarvt wird, am Handgelenk. Das gleiche gilt für alle imitierten Markenartikel. Möchten Sie ein Auto, das auffällt? Dann wählen Sie einen kleinen, klassischen englischen oder italienischen Roadster, der, Tip-Top gepflegt, Ihr Ego unterstreicht und preislich schon ab ein paar tausend Euro zu haben ist, als sich einen neuen Porsche zu leasen und immer knapp bei Kasse zu sein...

Casanovas Erfolgsstrategie

Zum Schluß möchte ich Ihnen noch ein paar zusammenfassende Ratschläge geben.

Ich gehe davon aus, daß Ihr Interesse an Casanovas Memoiren geweckt ist, und Sie sie auch lesen werden. Das wird Ihr Verständnis für Casanova und den Grund seines Erfolges – eben seine Erfolgs-Methode – abrunden. Sie werden sehen, wie schnell Sie diese Erfolgs-Methode verstehen und umsetzen können.

Eignen Sie sich Casanovas leidenschaftlich-kühle, berechnende Verführungskunst an. Sie werden sehen, wie Ihr Erfolg – nicht nur bei Frauen – zunehmen wird wenn Sie die Gesetzmäßigkeiten des Verhaltens und des Handelns der Frauen kennen lernen.

Wenn Sie sich Casanovas Regeln zu eigen machen, spielen Sie das Spiel der Verführung auf höchstem Niveau. Sie sind in der Lage, nicht nur die schnelle Eroberung einer Frau, sondern die planvolle, methodische Verführung als Inhalt eines erfolgreichen, genuß-orientieren Lebensstils zu zelebrieren und sich die Gefühle der Frauen zu Nutze zu machen.

Vergessen Sie dabei nicht, daß bei einer Verführung immer Liebe im Spiel ist. Liebe wird durch Romantik begünstigt. Lernen Sie, Liebesbriefe und vielleicht sogar Liebesgedichte zu schreiben. Für Casanova war das ein probates Mittel zum Zweck. Sie werden sich bei der Lektüre seiner Memoiren wundern, wie oft er zu diesem Mittel greift. Denken Sie darüber nach. Üben Sie und nutzen Sie diese Möglichkeit aus. Sie werden sehen, daß ein Liebesbrief – und sei er auch noch so unverfänglich – auch heute noch wirkt.

Genau so wirkt auch heute noch ein romantisches Candle-Light-Diner. Auch das war ein Mittel, daß Casanova ständig einsetzte. Dabei ließ er es sich oftmals auch nicht nehmen, selbst den Kochlöffel zu schwingen.

Mein Tip: Laden Sie Ihre Auserwählte zunächst einmal in ein entsprechend geeignetes Restaurant zum Abendessen ein, wenn –der Zeitpunkt dafür gekommen ist. Finden Sie bei dieser Verabredung heraus, was Ihre Zielperson am liebsten ißt. Sie können dann in aller Ruhe überlegen, ob Sie ein „Heimspiel" mit einem entsprechenden, selbst gekochten Menü bei Ihnen zu Hause wagen.

Casanovas Erfolgsstrategie

Sie kommen also unter Umständen auch nicht darum herum, Kochen zu lernen. Ich empfehle Ihnen das Einsteiger-Kochbuch von Wolfram Siebeck, Deutschlands Gastro-Kritier Nr. 1: „Aller Anfang ist leicht".... Verlassen Sie sich auch hier nur auf Ratschläge von Profis. Herr Siebeck erläutert seine Rezepte sehr ausführlich und ohne pedantische Mengenangaben. Er vermittelt Ihnen damit nicht ein Rezept, sondern eine Einstellung zum Kochen. Experimentieren Sie. Allein. Kommen Sie niemals auf den Gedanken, ein neues Rezept auszuprobieren, wenn Sie damit ein Date verbinden. Wenn etwas beim Kochen schiefgeht, geht eventuell auch das Date schief. Das ist unprofessionell und scheidet deshalb aus. Bewegen Sie sich nur auf sicherem Terrain, wenn Sie versuchen, eine Frau zu erobern. Sie werden sehen, daß Ihnen gerade noch genug Probleme entstehen, auch ohne Ihre „Hausgemachten".

Wenn Sie Küchenerfahrung haben, nutzen Sie sie aus. Ein schön flambiertes Steak schafft schon bei der Zubereitung (am Tisch) die erforderliche Atmosphäre. Aber auch hier gilt: keine Experimente, die ins Lächerliche abgleiten können. Nichts ist schlimmer, als ein Feuerwehreinsatz anstelle eines Abendessens mit anschließendem Schäferstündchen... Also: Legen Sie sich ein Repertoire aus einigen geeigneten Gerichten zu, die Sie schnell und problemlos zubereiten können. Achten Sie bei deren Auswahl darauf, daß Sie nicht stundenlang bruzzelnd in der Küche stehen, während Ihre Traumfrau im Wohnzimmer auf dem Sofa sitzen muß und aus Langeweile einschläft.

Sie sehen, daß auch ein „einfaches Date" zu Hause sehr wohlüberlegt vorbereitet sein muß. Überlassen Sie hier nichts dem Zufall. Selbst Kleinigkeiten können am Ende dazu führen, daß etwas – schiefläuft. Und seien Sie sicher: Wenn etwas schieflaufen kann, dann wird es auch schieflaufen. Ganz besonders dann, wenn Sie es am allerwenigsten gebrauchen können.

Casanova ging in der Vorbereitung eines häuslichen Treffens mit Abendessen so weit, daß er den Koch, der ihn und die Dame, die er zu verführen beabsichtigte, verköstigen sollte, am Vorabend des Rendezvous bereits zu sich bestellte und ein Galadiner für zwei Personen vorbereiten ließ. Der Koch, den er im Glauben ließ, er koche für Casanova und seine Geliebte, mußte dann feststellen, daß es sich nur um eine „Generalprobe" handelte. Casanova wollte sehen, daß alles perfekt abläuft und mäkelte, wie er in den Memoiren zugibt, zum Leidwesen des Meisterkochs selbst an allerklein-

Casanovas Erfolgsstrategie

sten Kleinigkeiten herum. Allerdings sehen wir, daß er nichts dem Zufall überließ. Verständlich, daß das Essen am nächsten Abend ein voller Erfolg wurde, der selbstverständlich in der Verführung der betreffenden Dame endete.

Sie werden im Laufe der Zeit ein Gespür dafür bekommen, Frauen gefühlsmäßig kennen zu lernen und vor allem, die Gefühle der Frauen zu durchschauen.

Sie können davon ausgehen, daß schon allein die Planung einer methodischen Verführung höchsten Genuß und Ästhetik verspricht.

Nutzen Sie die Fähigkeiten, die Sie sich aneignen, um die Frauen, die Sie erobern werden, glücklich zu machen. Falsch oder nur oberflächlich angewendet, brechen Sie nicht nur Herzen, sondern verletzen in erster Linie nur die Gefühle der Frauen. Achten Sie also darauf und bleiben Sie fair. Legen Sie es nicht darauf an, ein einfacher Herzensbrecher zu werden, sondern stellen Sie sich der Aufgabe, es zu einem wahren Meister der Verführung und einem echten Charmeur zu bringen.

Begehen Sie nicht den Fehler, eventuelle Rückschläge zu ignorieren. Analysieren Sie, woran es letztendlich lag, daß Sie Ihr Ziel nicht erreicht haben. Das zeichnet erfolgreiches Handeln aus. Entwickeln Sie rechtzeitig Strategien für Krisenzeiten.

Vergessen Sie auch niemals den Zeitpunkt nach der Eroberung. Auch das müssen Sie in Ihrer Strategie berücksichtigen.

Schnell ist eine Frau erobert. Wenn Sie aber dann nichts mehr von ihr wissen wollen, ist auch genau so schnell Ärger vorprogrammiert. Dieser Ärger wird um so schlimmer, je mehr das Thema Liebe im Spiel ist. Und glauben Sie, Sie wären nicht der Erste, dem man abends auf dem Nachhauseweg ein paar „gute Freunde" nachschickt.

So etwas kann zu sehr unangenehmen, sogar schmerzhaften Erfahrungen werden. Berücksichtigen Sie also auch immer Ihr Exit-Szenario, es sei denn, Sie suchen die Liebe für's Leben. Dann vergessen Sie alles, was ich Ihnen in den letzen Zeilen sagte.

Sie können für den Fall, daß Sie Ihre „Große Liebe" gefunden haben, natürlich trotzdem aus Ca-

Casanovas Erfolgsstrategie

sanovas Erfolgsstrategie lernen und Nutzen ziehen.

Ihre Partnerin wird sich den Reizen eines Mannes von Casanovas Schlages nicht verschließen können.

Eifersucht kann in solchen Fällen natürlich zu einem Problem in der Beziehung werden. Denn auch andere Frauen als Ihre Partnerin werden Interesse für Sie zeigen. Scheuen Sie sich aber nicht, Ihrer „Großen Liebe" absolute Treue entgegenzubringen und auch zu beweisen. Denn auf Basis von Eifersucht und ständigem Mißtrauen dem Partner gegenüber ist noch keine Beziehung dauerhaft gutgegangen.

Und nun, meine Herren:

Auf sie mit Gebrüll – und:
Wir sind keine Engel!